MW01296398

Printed in the USA

The Macedonian Dictionary
A Concise English-Macedonian Dictionary

By Aleksandar Brankov

The Macedonian Dictionary

English — Macedonian Dictionary

English	Македонски
Macedonia	Македонија
Skopje	Скопје

A

Aboard	Внатре (во авион /во воз/ на брод)
About	За, во врска со
Above	Врз, над
Accident	Незгода, несреќа, сообраќајна несреќа
Account (noun)	Сметка, извештај, приказ, пресметка
Across	Преку, спроти
Adapter	Адаптер
Address	Адреса
Admit	Признава, признае
Adult	Возрасен
Advice	Совет, консултација, предлог
Afraid	Исплашен
After	По, после

English	Македонски
Age	Возраст, доба, епоха, ера
Ago	Пред (некое одредено време), порано
Agree	Се согласува, се согласи
Ahead	Пред, напред, понапред
Air	Воздух
Air conditioning	Клима-уред
Airline	Авионска компанија
Airplane	Авион
Airport	Аеродром
Aisle	Патека (во театар/кино / супермаркет)
Alarm clock	Будилник
Alcohol	Алкохол
All	Сите, Секој /секоја /секое/ секои, Цел/цела/цело/цели, Сè
Allergy	Алергија
Alone	Сам/сама/само/сами
Already	Веќе
Also	Исто така
Always	Секогаш
Ancient	Стар, древен, антички

English	Македонски
And	И
Angry	Лут/лута/луто/лути, Гневен/гневна/гневно/гневни
Animal	Животно
Ankle	Глужд
Another	Друг/друга/друго/други, Уште
Answer	Одговор
Antique	Стар, древен, антички, антиквитет,
Apartment	Стан, апартман
Apple	Јаболко
Appointment	Состанок, закажана средба
Argue	Се расправа, се кара
Arm	Рака
Arrest	Апси, уапсува Спречува (раст/напредок)
Arrivals	Пристигнувања
Arrive	Пристигнува, доаѓа
Art	Уметност
Artist	Уметник /уметница Изведувач
Ask (questioning)	Прашува
Ask (request)	Бара, моли, замолува

English	Македонски
Aspirin	Аспирин
At	На, во
ATM	Банкомат
Awful	Одвратен/ одвратна/одвратно/одвратни, ужасен

B

Baby	Бебе
Babysitter	Дадилка
Back (body)	Грб
Back (backward position)	Назад, позади
Backpack	Ранец
Bacon	Сланина
Bad	Лош/лоша/лошо/лоши
Bag	Чанта, торба, кесе
Baggage	Багаж
Baggage claim	Подигнување на багаж
Bakery	Пекарница, фурна
Ball (sports)	Топка
Banana	Банана
Band (musician)	Бенд, група

English	Македонски
Bandage	Завој
Band-Aid	Ханзапласт, фластер
Bank	Банка
Bank account	Банкарска сметка
Basket	Кошница, кош
Bath	Бања, када
Bathing suit	Костим за капење
Bathroom	Купатило, бања
Battery	Батерија, акумулатор
Be	Сум (глагол - verb)
Beach	Плажа
Beautiful	Убав/убава/убаво/убави
Because	Затоа што, заради тоа што
Bed	Кревет
Bedroom	Спална соба
Beef	Говедско
Beer	Пиво
Before	Пред, претходно
Behind	Позади
Below	Под
Beside	Покрај
Best	Најдобар/најдобра/најдобро/најдобри

English	Македонски
Bet	Се клади, се опкладува
Between	Помеѓу
Bicycle	Велосипед
Big	Голем/голема/големо/големи
Bike	Велосипед, точак (*collocquial, informal*)
Bill (bill of sale)	Сметка
Bird	Птица
Birthday	Роденден
Bite (dog bite)	Каснува, касне (*verb*), гризе, гризнување, залак (*noun*)
Bitter	Горчлив/горчлива/горчливо/горчливи Огорчен/огорчена/огорчено/огорчени
Black	Црн/црна/црно/црни
Blanket	Ќебе
Blind	Слеп/слепа/слепо/слепи
Blood	Крв
Blue (dark blue)	Темно сина
Blue (light blue)	Светло сина
Board (climb aboard)	Се качува (во авион /воз / на брод)
Boarding pass	Бординг билет
Boat	Брод, кајче, чун

English	Македонски
Body	Тело
Book (noun)	Книга (*noun*)
Book (verb)	Резервира (*verb*)
Bookshop	Книжара
Boots (shoes)	Чизми
Border	Граница
Bored	Здодевно / досадно му е
Boring	Здодевен/здодевна/здодевно/з додевни Досаден/досадна/досадно/доса дни
Borrow	Позајмува (од некого)
Both	Двајцата / двете
Bottle	Шише
Bottle opener (beer)	Отварач за шишиња за пиво
Bottle opener (corkscrew)	Отварач за шишиња за вино
Bottom (butt)	Задник
Bottom (on bottom)	Дно, долен дел,
Bowl	Длабока чинија
Box	Кутија
Boy	Момче
Boyfriend	Дечко
Bra	Градник

English	Македонски
Brave	Храбар/храбра/храбро/храбри
Bread	Леб
Break	Пауза, одмор, починка
Breakfast	Појадок
Breathe	Дише
Bribe	Мито, поткуп, поткупува (verb)
Bridge	Мост
Bring	Носи, донесува
Broken (breaking)	Скршен/скршена/скршено/скршени
Brother	Брат
Brown	Кафен/кафена/кафено/кафени
Brush	Четка
Bucket	Кофа
Bug	Бубачка
Build	Гради
Builder	Градежен работник, градежник, градител
Building	Зграда, здание
Burn	Горење, согорување (noun), гори (verb)
Bus	Автобус
Bus station	Автобуска станица
Bus stop	Автобуска постојка

English	Македонски
Business	Бизнис, работа
Busy	Зафтен/зафатена/зафатено/зафа тени
But	Но, меѓутоа
Butter	Путер
Butterfly	Пеперутка
Buy	Купува, купи

C

Cake (wedding cake)	Свадбена торта
Cake (birthday cake)	Роденденска торта
Call	Вика, повикува
Call (telephone call)	Телефонски повик
Camera	Камера, фотоапарат
Camp	Камп, логор
Campfire	Камперски оган, логорски оган
Campsite	Камп
Can (have the ability)	Може
Can (allowed)	Дозволено му е
Can (aluminum can)	Конзерва
Cancel	Откажува, откаже
Candle	Свеќа

English	Македонски
Candy	Бонбона, бонбонче
Car	Кола, автомобил
Cards (playing cards)	Карти
Care for	Се грижи
Carpenter	Дрводелец, изработувач на мебел
Carriage	Кочија
Carrot	Морков
Carry	Носи, понесува
Cash	Пари во готово, кеш
Cash (deposit a check)	Кешира, депонира чек
Cashier	Касиер
Castle	Замок
Cat	Мачка
Cathedral	Катедрала
Celebration	Прослава
Cell phone	Мобилен телефон
Cemetery	Гробишта
Cent	Цент
Centimeter	Сантиметар
Center	Центар
Cereal	Житарки
Chair	Стол, столче

English	Македонски
Chance	Шанса
Change	Менува, променува, се менува, се променува
Change (coinage)	Ситно
Change (pocket change)	Кусур
Changing room	Соблекувална
Chat up	Замуабетува, замуабети
Cheap	Евтин/евтина/евтино/евтини
Cheat	Лаже, мами
Cheese	Сирење, кашкавал
Chef	Готвач
Cherry	Цреша
Chest (torso)	Гради
Chicken	Пиле (*animal)*, пилешко (*meat*)
Child	Дете
Children	Деца
Chocolate	Чоколадо
Choose	Избира, бира, одбира
Christmas	Божиќ
Cider	Алкохол од јаболка / круши, сајдер
Cigar	Пура
Cigarette	Цигара

English	Македонски
City	Град
City center	Центар на градот
Class (categorize)	Класифицира
Clean	Чист/чиста/чисто/чисти
Cleaning	Чистење, прочистување
Climb	Се качува, качува, се искачува
Clock	Часовник, саат
Close	Блиску, близу
Close (closer)	Во близина на, поблиску
Closed	Затворен/затворена/затворено/з атворени
Clothing	Облека, алишта
Clothing store	Продавница за облека, бутик
Cloud	Облак
Cloudy	Облачно
Coast	Брег
Coat	Палто, капут
Cockroach	Бубашваба
Cocktail	Коктел
Cocoa	Какао
Coffee	Кафе
Coins	Парички

English	Македонски
Cold	Ладен/ладна/ладно/ладни, настинка, студен
College	Колец
Color	Боја
Comb	Чешел, чешла (verb)
Come	Доаѓа, дојде
Comfortable	Удобен/удобна/удобно/удобни
Compass	Компас
Complain	Се жали, жалба
Complimentary (on the house)	На сметка на куќата/кафеаната
Computer	Компјутер
Concert	Концерт
Conditioner (conditioning treatment)	Омекнувач
Contact lens solution	Раствор за леќи
Contact lenses	Леќи
Contract	Договор
Cook (noun)	Готвач
Cook (verb)	Готви
Cookie	Колаче, бисквит
Cool (mild temperature)	Млак/млака/млако/млаки
Corn	Пченка
Corner	Ќош, агол

English	Македонски
Cost	Цена, трошок
Cotton	Памук
Cotton balls	Тупфери
Cough (noun)	Кашлица
Cough (verb)	Кашла
Count	Брои, пребројува
Country	Земја, држава
Cow	Крава
Crafts	Вештини, рачни изработки
Crash (noun)	Судир
Crash (verb)	Се судира, судира
Crazy	Луд/луда/лудо/луди
Cream (creamy)	Крем
Cream (treatment)	Крем, помада
Credit	Кредит
Credit card	Кредитна картичка
Cross (crucifix)	Крст
Crowded	Преполно со луѓе
Cruise	Крстосување, кружење
Custom	Обичај
Customs	Царина
Cut	Сече, реже

English	Македонски
Cycle	Вози велосипед
Cycling	Возење велосипед
Cyclist	Велосипедист

D

Dad	Татко, тато
Daily	Дневно, секој ден
Dance (noun)	Танц
Dance (verb)	Танцува
Dancing	Танцување
Dangerous	Опасен/опасна/опасно/опасни
Dark	Темен/темна/темно/темни Мрачен/мрачна/мрачно/мрачни
Date (important notice)	Датум
Date (specific day)	Датум
Date (companion)	Партнер
Daughter	Ќерка
Dawn	Зора
Day	Ден
Day after tomorrow	Задутре
Day before yesterday	Завчера

English	Македонски
Dead	Мртов/мртва/мртво/мртви Умрен/умрена/умрено/умрени
Deaf	Глув/глува/глуво/глуви
Deal (card dealer)	Дели
Decide	Одлучува, донесува одлука, решава
Deep	Длабок/длабока/длабоко/длабоки
Degrees (weather)	Степени
Delay	Одложува
Deliver	Доставува
Dentist	Забар, стоматолог
Deodorant	Дезодоранс
Depart	Заминува, си оди
Department store	Стоковна куќа
Departure	Заминување, поаѓање
Departure gate	Терминал за поаѓање
Deposit	Депозит, капар
Desert	Пустина
Dessert	Десерт
Details	Детали, ситници
Diaper	Пелена
Diarrhea	Дијареа, пролив

English	Македонски
Diary	Дневник, бележник
Die	Умира, умре
Diet	Диета
Different	Различен / различна/ различно/различни, Поинаков/поинаква/поинакво/п оинакви
Difficult	Тешко, напорно (*adverb*)
Dinner	Вечера
Direct	Директен/директна/директно/ди ректни
Direction	Насока
Dirty	Валкан/валкана/валкано/валкан и Нечист/нечиста/нечисто/нечисти
Disaster	Катастрофа
Disabled	Со посебни потреби, Онеспособен/онеспособена/оне способено/онеспособени
Dish	Чинија, порција
Diving	Нуркање
Dizzy	Зашеметен/зашеметена/зашеме тено/зашеметени Замаен/замаена/замаено/замае ни
Do	Прави, направи, работи

English	Македонски
Doctor	Доктор, лекар
Dog	Куче, пес
Door	Врата
Double	Двоен/двојна/двојно/двојни
Double bed	Брачен кревет
Double room	Двокреветна соба
Down	Долу
Downhill	Надолу, надолу по ридот
Dream (noun)	Сон
Dream (verb)	Сонува
Dress (noun)	Фустан
Dress (verb)	Се облекува
Drink (cocktail)	Коктел
Drink (beverage)	Пијалак
Drink	Пие (verb)
Drive	Вози
Drums	Тапани
Drunk	Пијан/пијана/пијано/пијани
Dry	Сув/сува/суво/суви Исушен/исушена/исушено/исушени
Dry (warm up)	Брише
Duck	Патка

English	Македонски

E

English	Македонски
Each	Секој/секоја/секое/секои
Ear	Уво
Early	Рано
Earn	Заработува
East	Исток
Easy (*adjective*)	Лесен / лесна / лесно / лесни
Easy (*adverb*)	Лесно
Eat	Јаде
Education	Образование
Egg	Јајце
Electricity	Струја, електрицитет
Elevator	Лифт
Embarrassed	Посрамен / посрамена / посрамено / посрамени
Emergency (noun)	Итност, нужда
Emergency (adjective)	Итен, ургентен
Empty	Празен / празна / празно / празни
End	Крај, завршеток
English	Англиски

English	Македонски
Enjoy (enjoying)	Ужива
Enough	Доволно, доста
Enter	Влегува, влезе
Entry	Влез
Escalator	Ескалатор, подвижни скали
Euro	Евро
Evening	Вечер
Every	Секој/секоја/секое/секои
Everyone	Сите
Everything	Сè, сешто
Exactly	Точно, токму така
Exit	Излез
Expensive	Скап / скапа / скапо / скапи
Experience	Искуство
Eyes	Очи

F

Face	Лице
Fall (autumnal)	Есен
Fall (falling)	Паѓа, падне
Family	Семејство

English	Македонски
Famous	Познат/позната/познато/познати
Far	Далеку, далечен
Fare	Цена, карта / билет (за воз, автобус)
Farm	Фарма
Fast	Брз/брза/брзо/брзи
Fat	Дебел/дебела/дебело/дебели
Feel (touching)	Чувствува, почувствува
Feelings	Чувства
Female	Жена
Fever	Треска
Few	Неколку, само малку
Fight	Борба
Fill	Пополнува, полни
Fine	Добар/добра/добро/добри Фин/фина/фино/фини
Finger	Прст
Finish	Завршува, финишира (verb), крај ,цел
Fire (heated)	Оган
First	Прв/прва/прво/први
First-aid kit	Комплет за прва помош
Fish	Риба

English	Македонски
Flat	Рамен/рамна/рамно/рамни
Floor (carpeting)	Под
Floor (level)	Кат, спрат
Flour	Брашно
Flower	Цвеќе, цвет
Fly (verb)	Лета, летна
Foggy	Магливо, матно, нејасно (*adverb*)
Follow	Следи, прати
Food	Храна
Foot	Стапало
Forest	Шума, гора
Forever	Засекогаш
Forget	Заборава, заборави
Fork	Виљушка
Foul	Фаул
Fragile	Кршлив / кршлива / кршливо/ кршливи Нежен / нежна / нежно / нежни
Free (at liberty)	Слободен / слободна / слободно / слободни Ослободен / ослободена /ослободено / ослободени
Free (no cost)	Без пари, без надомест, бесплатно

English	Македонски
Fresh	Свеж / свежа / свежо / свежи
Fridge	Фрижидер
Friend	Пријател, другар
From	Од
Frost	Мраз
Fruit	Овошје
Fry	Пржи, испржува
Frying pan	Тава за пржење
Full	Полн / полна / полно / полни Сит / сита / сито / сити
Full-time	Постојано, со полно работно време
Fun	Забава
Funny	Смешен / смешна / смешно / смешни Забавен / забавна / забавно / забавни
Furniture	Мебел
Future	Иднина

G

Game (match-up)	Игра, натпревар
Game (event)	Игра, настан

English	Македонски
Garbage	Ѓубре, смет
Garbage can	Канта за ѓубре
Garden	Градина
Gas (gasoline)	Бензин
Gate (airport)	Излез
Gauze	Газа
Get	Добива, добие / набавува, набави / купува, купи
Get off (disembark)	Слегува, слезе / се симнува, се симне
Gift	Подарок
Girl	Девојка, девојче
Girlfriend	Девојка
Give	Дава, даде
Glass	Стакло
Glasses (eyeglasses)	Очила
Gloves	Ракавици
Glue	Лепак, лепило
Go (walk)	Оди
Go (drive)	Вози
Go out	Излегува, излезе
God (deity)	Бог, господ
Gold	Злато

English	Македонски
Good	Добар / добра / добро / добри
Government	Влада
Gram	Грам
Granddaughter	Внука
Grandfather	Дедо
Grandmother	Баба
Grandson	Внук
Grass	Трева
Grateful	Благодарен / благодарна/ благодарно / благодарни
Grave	Гроб
Great (wonderful)	Одличен/ одлична / одлично / одлични
	Супер
	Прекрасен / прекрасна / прекрасно / прекрасни
Green	Зелен / зелена / зелено / зелени
Grey	Сив/ сива / сиво /сиви
Grocery	Набавки, покупки, намирници, продавница со прехранбени продукти
Grow	Расте, пораснува, се развива
Guaranteed	Загарантиран / загарантирана/ загарантирано / загарантирани
Guess	Погодува, погоди

English	Македонски
Guilty	Виновен / виновна / виновно / виновни
Guitar	Гитара
Gun	Пиштол Пушка
Gym	Сала за вежбање

H

Hair	Коса
Hairbrush	Четка за коса
Haircut	Фризура
Half	Половина
Hand	Рака
Handbag	Чанта, чантичка
Handkerchief	Марамче
Handmade	Рачно изработено, рачна изработка
Handsome	Убав / убави Згоден / згодни
Happy	Среќен / среќна / среќно / среќни
Hard (firm)	Цврст / цврста / цврсто / цврсти

English	Македонски
Hard-boiled	Тврдо-варен / тврдо-варена / тврдо-варено / тврдо-варени
Hat	Капа, шапка, шешир
Have	Има, поседува
Have a cold	Настинат/настината / настинато / настинати
Have fun	Се забавува, ужива
He	Тој
Head	Глава
Headache	Главоболка
Headlights	Светла
Health	Здравје
Hear	Слуша, слушне / наслушува, наслушне
Heart	Срце
Heat	Топлина, жештина
Heated	Загреан / загреана/ загреано/ загреани Стоплен / стоплена /стоплено / стоплени
Heater	Бојлер, грејно тело
Heavy	Тежок / тешка / тешко / тешки
Helmet	Шлем
Help	Помош

English	Македонски
Her (hers)	Нејзин / нејзина / нејзино / нејзини
Herb	Билка
Herbal	Билен / билна/ билно / билни Хербален / хербална / хербално /хербални
Here	Овде, тука
High (steep)	Висок, стрмен
High school	Средно училиште
Highway	Автопат
Hike (noun)	Качување, искачување
Hiking	Качување, искачување
Hill	Рид
Hire	Вработува, вработи Најмува, најми
His	Негов / негова / негово / негови
History	Историја
Holiday	Одмор, празник
Holidays	Одмори
Home	Дом, дома
Honey	Мед
Horse	Коњ
Hospital	Болница
Hot	Жежок / жешка / жешко / жешки

English	Македонски
Hot water	Жешка вода
Hotel	Хотел
Hour	Час, саат
House	Куќа, дом
How	Како
How much	Колку
Hug	Гушка, гушне, прегратка
Humid	Влажен / влажна / влажно / влажни
Hungry (famished)	Гладен / гладна / гладно / гладни
Hurt	Повреден/ повредена / повредено / повредени, повредуваverb
Husband	Сопруг

I

Ice	Мраз
Ice cream	Сладолед
Identification	Идентификување, идентификација
ID card	Лична карта
Idiot	Идиот
If	Ако

English	Македонски
Ill	Болен/болна/болно/болни
Important	Важен/важна/важно/важни Битен/битна/битно/битни
Impossible	Невозможен/невозможна/ невозможно/ невозможни
In	Во
(be) in a hurry	Се брза
In front of	Пред, напред
Included	Вклучен/ вклучена /вклучено/ вклучени
Indoor	Внатре
Information	Информација
Ingredient	Состојка
Injury	Повреда
Innocent	Невин/невина/невино/невини
Inside	Внатре, во
Interesting	Интересен/интересна/ интересно/ интересни
Invite	Поканува, покани
Island	Остров
It	Тоа
Itch (noun)	Чешање
Itch (verb)	Чеша, се чеша

English	Македонски

J

Jacket	Јакна, сако
Jail	Затвор
Jar	Тегла
Jaw	Вилица
Jeep	Џип
Jewelry	Накит, бижутерија
Job	Работа
Jogging	Џогинг
Joke	Шега, шала
Juice	Сок
Jumper (cardigan)	Џемпер, наметка

K

Key	Клуч
Keyboard	Тастатура
Kilogram	Килограм
Kilometer	Километар
Kind (sweet)	Фин / фина / фино / фини

English	Македонски
Kindergarten	Градинка
King	Крал
Kiss (noun)	Бакнеж
Kiss (verb)	Бакнува
Kitchen	Кујна
Knee	Колено
Knife	Нож
Know	Знае, познае / познава, познае

L

Lace	Врвка
Lake	Езеро
Land	Земја, копно
Language	Јазик
Laptop	Лаптоп
Large	Голем/голема/големо/големи
Last (finale)	Последен/последна/последно/последни
Last (previously)	Претходен/претходна/претходно/претходни
	Минат/мината/минато/минати
Law (edict)	Закон

English	Македонски
Lawyer	Адвокат, правник
Lazy	Мрзлив/мрзлива/мрзливо/мрзливи
Leader	Лидер, водич
Learn	Учи, научува
Leather	Кожа
Left (leftward)	Лево, налево
Leg	Нога
Legal	Правно, законски
Lemon	Лимон
Lemonade	Лимонада
Lens	Леќи
Lesbian	Лезбејка
Less	Помалку
Letter (envelope)	Плик, писмо
Lettuce	Марула
Liar	Лажго / лажга
Library	Библиотека
Lie (lying)	Легнува, лежи, Положува, положи
Lie (falsehood)	Лаже, мами
Life	Живот
Light	Светло

English	Македонски
Light (pale)	Светол/ светла / светло / светли
Light (weightless)	Лесен/ лесна / лесно / лесни
Light bulb	Светилка
Lighter (ignited)	Запалка
Like	Се допаѓа, се допадне Сака, Посакува
Lime	Зелен лимон, лимета
Lips	Усни
Lipstick	Кармин
Liquor store	Продавница за алкохол
Listen	Слуша, слушне
Little (few)	Неколку, малку
Little (tiny)	Мал / мала / мало / мали Малечок / малечка / малечко / малечки
Live (occupy)	Живее, престојува
Local	Локален / локална / локално / локални
Lock	Заклучува, заклучи, брава
Locked	Заклучен / заклучена / заклучено / заклучени
Long	Долг / долга / долго / долги
Look	Гледа, погледнува, погледне

English	Македонски
Look for	Бара
Lose	Губи, загубува
Lost	Изгубен / изгубена / изгубено / изгубени Загубен / загубена / загубено / загубени
Lot	Плац, земјиште, паркинг
Loud	Гласен / гласна / гласно / гласни
Love	Сака, посакува, љуби
Low	Ниско
Luck	Среќа
Lucky	Има среќа
Luggage	Багаж
Lump	Грутка
Lunch	Ручек
Luxury	Луксуз

M

Machine	Машина
Magazine	Списание
Mail (mailing)	Пошта
Mailbox	Поштенско сандаче

English	Македонски
Main	Главен / главна / главно / главни
	Битен / битна/ битно/ битни
Mainroad	Главен пат
Make	Прави, направи
	Изведува, изведе
	Изработува, изработи
Make-up	Шминка
Man	Човек
	Маж
Many	Многу
Map	Мапа
Market	Пазар
Marriage	Брак
Marry	Се мажи (for women)
	Се жени (for men)
Matches (matchbox)	Ќибрит
	Чкорчиња
Mattress	Душек
Maybe	Можеби
Me	Мене
Meal	Оброк
Meat	Месо
Medicine (medicinals)	Лек, лекарство

English	Македонски
Meet	Се среќава, се сретне Среќава, сретне
Meeting	Состанок, средба
Member	Член
Message	Порака
Metal	Метал
Meter	Метар
Microwave	Микробранова печка
Midday	Пладне
Midnight	Полноќ
Military	Војска
Milk	Млеко
Millimeter	Милиметар
Minute (moment)	Минута
Mirror	Огледало
Miss (lady)	Госпоѓица
Miss (mishap)	Промашува, промаши
Mistake	Грешка
Mobile phone	Мобилен телефон
Modern	Модерен / модерна/ модерно / модерни Современ / современа / современо / современи
Money	Пари

English	Македонски
Month	Месец
More	Повеќе
Morning	Утро
Mosquito	Комарец
Motel	Мотел
Mother	Мајка, мама
Mother-in-law	Свекрва (the mother of the husband) Баба (the mother of the wife)
Motorbike	Мотор
Motorboat	Глисер
Mountain	Планина
Mountain range	Планински венец
Mouse	Глушец
Mouth	Уста
Movie	Филм
Mr.	Господин
Mrs./Ms	Госпоѓа
Mud	Кал
Murder	Убиство
Muscle	Мускул
Museum	Музеј
Music	Музика

English	Македонски
Mustard	Сенф
Mute	Нем / нема/ немо / неми
My	Мој / моја / мое / мои

N

Nail clippers	Ноктарче
Name (moniker)	Надимак, прекар
Name (term)	Име
Name (surname)	Презиме
Napkin	Салфетка
Nature	Природа
Nausea	Гадење
Near (close)	Близу, блиску
Nearest	Најблизу, најблиску
Necessity	Потреба
Neck	Врат
Necklace	Ѓердан
Need (verb)	Има потреба Треба
Needle (stitch)	Игла
Negative	Негативен/ негативна / негативно / негативни

English	Македонски
Neither...nor...	Ниту... Ниту
	Нити ... Нити
Net	Мрежа
Never	Никогаш
New	Нов/ нова / ново / нови
News	Вест, новост
	Вести
Newspaper	Весник
Next (ensuing)	Следен / следна / следно / следни
Next to	До, покрај
Nice	Убав / убава / убаво / убави
	Фин / фина / фино/ фини
Nickname	Надимак, прекар
Night	Ноќ
Nightclub	Ноќен клуб
No	Не
Noisy	Бучен / бучна / бучно / бучни
None	Ниту еден, ниеден, никој,
Nonsmoking	Непушачки, за непушачи
Noon	Пладне
North	Север
Nose	Нос

English	Македонски
Not	Не
Notebook	Тетратка, белешник
Nothing	Ништо
Now	Сега, веднаш, во моментов
Number	Број
Nurse	Медициска сестра
Nut	Јаткаст плод

O

Ocean	Океан
Off (strange)	Чуден / чудна /чудно/ чудни
Office	Канцеларија
Often	Често
Oil (oily)	Масло
Old	Стар / стара /старо / стари
On	На
On time	Навреме
Once	Еднаш, порано
One	Еден / една / едно
One-way	Во еден правец
Only	Само, единствено

English	Македонски
Open	Отворен / отворена / отворено / отворени, отвора
Operation (process)	Делување, функционирање, операција
Operator	Оператор
Opinion	Мислење
Opposite	Спротивност, обратен
Or	Или
Orange (citrus)	Портокал
Orange (color)	Портокалов/ портокалова / портокалово / портокалови
Orchestra	Оркестар
Order (noun)	Ред
Order (verb)	Наредува, нарачува (храна)
Ordinary	Обичен / обична / обично / обични
Original	Оригинален / оригинална / оригинално / оригинални
Other	Друг / друга / друго / други
Our	Наш / наша / наше / наши
Outside	Надвор
Oven	Рерна, печка
Overnight	Преку ноќ
Overseas	Преку море / океан

English	Македонски
Owner	Сопственик / сопственичка
Oxygen	Кислород

P

Package	Пакет
Packet	Пакет
Padlock	Катанец
Page	Страна
Pain	Болка
Painful	Болно
Painkiller	Апче против болка, лек против болка, аналгетик
Painter	Сликар / сликарка
Painting (canvas)	Слика
Painting (the art)	Сликање
Pair	Пар
Pan	Тавче, тенџере
Pants (slacks)	Пантолони
Paper	Хартија
Paperwork	Административна работа
Parents	Родители
Park	Парк (noun)

English	Македонски
Park (parking)	Паркира
Part (piece)	Дел
Part-time	Со скратено работно време
Party (celebration)	Забава
Party (political)	Партија
Pass	Поминува, помине, додавање, пропусница
Passenger	Патник
Passport	Пасош
Past (ago)	Минат, претходен
Path	Патека
Pay	Плаќа, плати
Payment	Плата, исплата, плаќање
Peace	Мир
Peach	Праска
Peanut	Кикирика
Pear	Круша
Pedal	Педала
Pedestrian	Пешак
Pen	Пенкало
Pencil	Молив
People	Луѓе
Pepper (peppery)	Црн пипер, бибер

English	Македонски
Per	На, за
Per cent	Процент
Perfect	Совршен / совршена / совршено / совршени
Performance	Перформанс, изведба
Perfume	Парфем
Permission (permit)	Дозвола
Person	Личност
Petrol	Бензин
Petrol station	Бензинска пумпа
Pharmacy	Аптека
Phone book	Телефонски именик
Photo	Фотографија
Photographer	Фотограф
Pigeon	Гулаб
Pie	Пита
Piece	Парче, дел
Pig	Прасе, свиња
Pill	Апче, пилула
Pillow	Перница
Pillowcase	Навлака за перници
Pink	Розев / розева / розово / розови
Place	Место

English	Македонски
Plane	Авион
Planet	Планета
Plant	Растение
Plastic	Пластичен / пластична / пластично / пластични
Plate	Чинија, плоча, облога, табличка
Play (strum)	Свири
Play (theatrical)	Претстава, драма
Plug (stopper)	Затка, тапа, чеп
Plug (socket)	Штекер
Plum	Слива
Pocket	Џеб
Point	Точка, поента
Poisonous	Отровен / отровна / отровно / отровни
Police	Полиција
Police officer	Полицаец / полицајка
Police station	Полициска станица
Politics	Политика
Pollution	Загадување
Pool (basin)	Базен
Poor	Сиромашен / сиромашна / сиромашно / сиромашни

English	Македонски
Popular	Популарен / популарна / популарно / популарни
Pork	Свинско
Port (dock)	Пристаниште
Positive	Позитивен / позитивна /позитивно / позитивни
Possible	Можен, возможен
Postcard	Разгледница
Post office	Пошта
Pot (kettle)	Бокал
Potato	Компир
Pottery	Грнчарство
Pound (ounces)	Фунта
Poverty	Сиромаштија, немаштија
Powder	Пудра
Power	Моќ, сила
Prayer	Молитва
Prefer	Претпочита, преферира
Pregnant	Бремена, трудна
Prepare	Подготвува, подготви
Prescription	Рецепт
Present (treat)	Подарок
Present (now)	Сегашност

English	Македонски
President	Претседател
Pressure	Притисок
Pretty	Убав / убава / убаво / убави
Price	Цена
Priest	Поп, свештеник
Printer (printing)	Печатач
Prison	Затвор
Private	Приватен / приватна / приватно/ приватни Личен / лична / лично / лични
Produce	Произведува, произведе
Profit	Профит, ќар, добивка
Program	Програма
Promise	Ветува, вети
Protect	Заштитува, заштити
Pub	Паб
Public toilet	Јавен тоалет
Pull	Повлекува, влече
Pump	Пумпа
Pumpkin	Тиква
Pure	Чист / чиста / чисто / чисти
Purple	Виолетов / виолетова / виолетово / виолетови

English	Македонски
Purse	Чантичка, паричник
Push	Турка, турне
Put	Става, стави; поставува, постави

Q

Quality	Квалитет
Quarter	Четвртина
Queen	Кралица
Question	Прашање
Queue	Редица
Quick	Брз / брза / брзо / брзи
Quiet	Тивок / тивка / тивко / тивки Нечуен / нечујна / нечујно / нечујни
Quit	Се откажува, се откаже

R

Rabbit	Зајак
Race (running)	Трка
Radiator	Радијатор
Radio	Радио

English	Македонски
Rain	Дожд
Raincoat	Мантил за дожд
Rare (exotic)	Редок / ретка / ретко / ретки
Rare (unique)	Единствен / единствена/ единствено / единствени
Rash	Црвенило
Raspberry	Малина
Rat	Стаорец
Raw	Незготвен / незготвена / незготвено / незготвени Сиров / сирова / сирово / сирови
Razor	Жилет
Read	Чита, прочита
Reading	Читање
Ready	Подготвен / подготвена / подготвено / подготвени
Rear (behind)	Позади
Reason	Причина, разум
Receipt	Сметка
Recently	Неодамна
Recommend	Препорачува, препорача
Record (music)	Снима, сними
Recycle	Рециклира
Red	Црвен / црвена/ црвено / црвени

English	Македонски
Refrigerator	Фрижидер
Refund	Рефундирање, повраток на средства/пари
Refuse	Одбива, одби
Regret	Зажали
Relationship	Врска
Relax	Се релаксира, се одмора
Relic	Остаток, реликвија
Religion	Религија
Religious	Религиозен / религиозна / религиозно / религиозни
Remote	Далеку, далечен, далечински управувач (TV)
Rent	Изнајмува, изнајми Закупнина, кирија, рента
Repair (noun)	Поправка
Reservation (reserving)	Резервира
Rest	Се одмора, се одмори, одмор
Restaurant	Ресторан
Return (homecoming)	Се враќа дома, се врати дома
Return (returning)	Се враќа, се врати / враќа, врати
Review	Осврт, критика, / прегледува, испитува
Rhythm	Ритам

THE MACEDONIAN DICTIONARY: A CONCISE ENGLISH-MACEDONIAN DICTIONARY

English	Македонски
Rib	Ребро
Rice	Ориз
Rich (prosperous)	Богат / богата / богато / богати
Ride	Јава, вози велосипед
Ride (riding)	Јавање, возење велосипед
Right (appropriate)	Правилен / правилна / правилно / правилни
Right (rightward)	Десен, надесно
Ring (bauble)	Обрач
Ring (ringing)	Ѕвонење
Rip-off	Грабеж
River	Река
Road	Пат
Rob	Ограбува, грабе
Robbery	Грабеж
Rock	Камен, карпа
Romantic	Романтичен/ романтична/ романтично / романтитични
Room (accommodation)	Соба, сместување
Room (chamber)	Соба, простор
Room number	Број на соба
Rope	Јаже
Round	Округол / округла / округло / округли

English	Македонски
Route	Пат, рута
Rug	Ќилим, черга
Ruins	Рушевини, руини
Rule	Правило, Наредува, владее
Rum	Рум
Run	Трча
Running	Трчање

S

Sad	Тажен /тажна /тажно/тажни
Safe	Безбеден/ безбедна/ безбедно / безбедни
Salad	Салата
Sale (special)	Распродажба
Sales tax	Данок на продажба
Salmon	Лосос
Salt	Сол
Same	Ист/ иста / исто/ исти
Sand	Песок
Sandal	Сандала
Sauce	Сос
Saucepan	Чинивче за сос

English	Македонски
Sauna	Сауна
Say	Вели, рече, вика, кажува
Scarf	Марама
School	Училиште
Science	Наука
Scientist	Научник
Scissors	Ножици
Sea	Море
Seasickness	Морска болест
Season	Годишно време
Seat	Седиште
Seatbelt	Каиш / појас (во возило)
Second (moment)	Секунда
Second	Втор/ втора/ второ / втори
See	Гледа
Selfish	Себичен/ себична / себично / себични
Sell	Продава, продаде
Send	Праќа, испраќа / прати, испрати
Sensible	Разумен/ разумна/ разумно /разумни
Sensual	Сензуален / сензуална /сензуално / сензуални

English	Македонски
Separate	Одвоен/ одвоена/ одвоено / одвоени
Serious	Сериозен / сериозна / сериозно / сериозни
Service	Услуга
Several	Неколку
Sew	Шие, сошива
Sex	Секс, пол
Sexism	Сексизам
Sexy	Секси
Shade (shady)	Сенка
Shampoo	Шампон
Shape	Облик, форма
Share (sharing)	Дели споделува
Share (allotment)	Дел
Shave	Бричи
Shaving cream	Пена за бричење
She	Таа
Sheet (linens)	Чаршав
Ship	Брод
Shirt	Кошула
Shoes	Чевли
Shoot	Пука, стрела, снима (филм)

English	Македонски
Shop (noun)	Продавница
Shop (verb)	Купува, купи
Shopping center	Шопинг центар
Short (low)	Низок / ниска / ниско / ниски
Shortage	Недостаток
Shorts	Шорцеви, кратки панатлони
Shoulder	Рамо
Shout	Вика, се дере
Show (noun)	Шоу
Show (verb)	Покажува, покаже, прикажува, прикаже
Shower (noun)	Туш
Shower (verb)	Се тушира
Shut	Се затвора, се затвори / затвора, затвори
Shy	Срамежлив / срамежлива/ срамежливо / срамежливи
Sick	Болен / болна / болно / болни
Side	Страна, аспект
Sign	Потпишува, потпише
Sign (signature)	Знак
Signature	Потпис
Silk	Свила
Silver	Сребро

English	Македонски
Similar	Сличен / слична / слично / слични
Simple	Едноставен / едноставна / едноставно/ едноставни
Since	Од, откако
Sing	Пее, испеа
Singer	Пејач / пејачка
Single (individual)	Единствен/ единствена / единствено/ единствени Самец, немажен
Sister	Сестра
Sit	Седнува, седи
Size (extent)	Големина, мерка
Skin	Кожа
Skirt	Здолниште
Sky	Небо
Sleep	Спие (verb)
Sleepy	Поспан / поспана/ поспано / поспани
Slice	Парче
Slow	Бавен/ бавна / бавно / бавни
Slowly	Бавно, полека
Small	Мал / мала/ мало / мали
Smell	Мириса

English	Македонски
Smile	Насмевка, Се смее
Smoke	Пуши, Дим, чад, цигара
Snack	Ужина
Snake	Змија
Snow	Снег
Soap	Сапун
Socks	Чорапи
Soda	Газиран сок
Soft-drink	Безалкохолен пијалок
Some	Некој / некои
Someone	Некој/ некоја/ некое / некои
Something	Нешто
Son	Син
Song	Песна
Soon	Набрзо
Sore	Рана, инфекција (noun)
Soup	Супа
South	Југ
Specialist	Специјалист
Speed (rate)	Брзина
Spinach	Спанаќ
Spoiled (rotten)	Расипан / расипана/ расипано / расипани

English	Македонски
Spoke	Спица
Spoon	Лажица
Sprain	Шинува, шине (verb)
Spring (prime)	Пролет
Square (town center)	Плоштад
Stadium	Стадион, Стадиум, фаза
Stamp	Печат, поштенска марка
Star	Ѕвезда
Star sign	Хороскопски знак
Start (noun)	Почеток, старт
Start (verb)	Почнува, почне / започнува, започне
Station	Станица
Statue	Статуа
Stay (sleepover)	Останува, остане / пренокува, преноќи
Steak	Бифтек
Steal	Краде
Steep	Стрмен/ стрмна/ стрмно / стрмни
Step	Чекор, скала, скалило
Stolen	Украден / украдена / украдено / украдени
Stomach	Стомак, желудник

English	Македонски
Stomach ache	Болка во стомакот / желудникот
Stone	Камен
Stop (station)	Постојка
Stop (halt)	Застанува, застане, стои
Stop (avoid)	Престанува, престане
Storm	Бура
Story	Приказна, сказна
Stove	Печка
Straight	Право
Strange	Чуден / чудна / чудно / чудни
Stranger	Странец, непознат
Strawberry	Јагода
Street	Улица
String	Конец, врвка, жица
Stroller	Количка
Strong	Силен / силна / силно / силни Јак / јака/ јако / јаки
Stubborn	Тврдоглав/ тврдоглава / тврдоглаво/ тврдоглави
Student	Студент
Studio	Студио
Stupid	Глупав / глупава / глупаво / глупави

English	Македонски
Suburb	Предградие
Subway (underground)	Метро, подземна железница
Sugar	Шеќер
Suitcase	Куфер
Summer	Лето
Sun	Сонце
Sun block	Крем за сончање
Sunburn	Изгореница од сонце
Sunglasses	Очила за сонце
Sunny	Сончев / сончева/ сончево / сончеви
Sunrise	Изгрејсонце
Sunset	Зајдисонце
Supermarket	Супермаркет
Surf	Сурфа (verb)
Surprise	Изненадување
Sweater	Џемпер
Sweet	Сладок/ слатка/ слатко / слатки Благ/ блага / благо / благи
Swelling	Оток, Отекува
Swim	Плива
Swimming pool	Базен
Swimsuit	Костим за капење

English	Македонски

T

English	Македонски
Table	Маса
Tablecloth	Чаршав за маса
Tall	Висок / висока / високо / високи
Take	Зема, зеде
Take photos	Фотографира
Talk	Зборува
Tap	Чешма (noun)
Tap water	Вода од чешма
Tasty	Вкусен / вкусна / вкусно / вкусни
Tea	Чај
Teacher	Наставник / наставничка Учител / учителка
Team	Тим
Teaspoon	Лажичка за кафе
Teeth	Заби
Telephone	Телефон
Television	Телевизија
Tell	Кажува / каже Зборува / вели
Temperature (feverish)	Температура

English	Македонски
Temperature (degrees)	Температура
Terrible	Ужасен / ужасна / ужасно / ужасни
Thank	Се заблагодарува, се заблагодари
That (one)	Тој/ таа / тоа /тие
Theater	Театар
Their	Нивен / нивна / нивно / нивни
There	Таму
Thermometer	Термометар
They	Тие
Thick	Густ/ густа /густо / густи
Thief	Крадец
Thin	Слаб / слаба / слабо / слаби Тенок/ тенка /тенко /тенки
Think	Мисли, размислува
Third	Трет / трета / трето / трети
Thirsty (parched)	Жеден / жедна / жедно / жедни
This (one)	Овој / оваа / ова / овие
Throat	Грло
Ticket	Билет, карта
Tight	Стегнат / стегната / стегнато / стегнати Цврст/ цврста / цврсто / цврсти

English	Македонски
Time	Време
Time difference	Временска разлика
Tin (aluminum can)	Конзерва
Tiny	Малечок/ малечка / малечко/ малечки Ситно
Tip (tipping)	Остава бакшиш
Tire	Гума
Tired	Уморен / уморна / уморно / уморни
Tissues	Марамчиња
To	Кон, накај
Toast (toasting)	Наздравува, наздрави
Toaster	Тостер
Tobacco	Тутун
Today	Денес
Toe	Прст на нога
Together	Заедно
Toilet	Тоалет
Toilet paper	Тоалетна хартија
Tomato	Домат, патлиџан
Tomorrow	Утре
Tonight	Вечерва

English	Македонски
Too (additionally)	Исто така
Too (excessively)	Премногу
Tooth	Заб
Toothbrush	Четка за заби
Toothpaste	Паста за заби
Touch (noun)	Допир
Touch (verb)	Допира, допре
Tour	Тура
Tourist	Турист
Towards	Накај, кон
Towel	Крпа
Tower	Кула
Track (pathway)	Патека
Track (racing)	Патека
Trade (trading)	Тргува
Trade (career)	Трговија, комерција
Traffic	Сообраќај
Traffic light	Семафор
Trail	Патека, стаза
Train	Воз
Train station	Железничка станица
Tram	Трамвај

English	Македонски
Translate	Преведува
Translation	Превод
Transport	Транспорт, превоз
Travel	Патување, патува
Tree	Дрво
Trip (expedition)	Патување, експедиција
Truck	Камион
Trust	Верува, има доверба
Try (trying)	Се обидува
Try (sip)	Пробува, проба
T-shirt	Маичка
Turkey	Мисирка (animal), Турција (country)
Turn	Врти, свртува
TV	Телевизија
Tweezers	Пинцета
Twice	Двапати
Twins	Близнаци
Two	Два
Type	Тип, вид
Typical	Типичен/ типична / типично / типични Вообичаен

English	Македонски

U

Umbrella	Чадор
Uncomfortable	Некомотен / некомотна / некомотно / некомотни
Understand	Разбира, разбере / сфаќа, сфати
Underwear	Долна облека
Unfair	Нефер
Until	Додека
Unusual	Невообичаен / невообичаена/ невообичаено/ невообичаени
Up	Горе
Uphill	Горе по ридот, горе
Urgent	Итен / итна / итно / итни
Useful	Корисен / корисна / корисно / корисни

V

Vacation	Одмор
Valuable	Вреден/ вредна / вредно / вредни
Value	Вредност

English	Македонски
Van	Комбе
Vegetable	Зеленчук
Vegetarian	Вегетаријанец
Venue	Место, локација
Very	Многу, навистина
Video recorder	Видео снимач
View	Поглед
Village	Село
Vinegar	Оцет
Virus	Вирус
Visit (verb)	Посетува, посети
Visit (noun)	Посета
Voice	Глас
Vote	Глас

W

Wage	Надница, плата
Wait	Почекува, чека
Waiter	Келнер / келнерка
Waiting room	Чекалница
Wake (someone) up	Буди, разбудува

English	Македонски
Walk	Оди, пешачи
Want	Сака, посакува
War	Војна
Wardrobe	Гардероба, плакар
Warm	Топол / топла / топло / топли
Warn	Предупредува / предупреди
Wash (bathe)	Се мие
Wash (scrub)	Се трие со вода и сапун
Wash cloth	Пере
Washing machine	Машина за перење
Watch	Гледа
Watch	Рачен часовник
Water	Вода
Water bottle	Шише за вода
Watermelon	Лубеница
Waterproof	Водоотпорен / водотпорна / водоотпорно / водоотпорни
Wave	Бран
Way	Пат, начин
We	Ние
Wealthy	Богат / богата / богато / богати
Wear	Носи
Weather	Време

English	Македонски
Wedding	Свадба
Week	Седмица, недела
Weekend	Викенд
Weigh	Тежи
Weight	Тежина
Weights	Тегови
Welcome	Добредојде (singular) / добредојдовте (plural)
Well	Добро
West	Запад
Wet	Влажен /влажна / влажно /влажни
What	Што
Wheel	Тркало
Wheelchair	Количка
When	Кога
Where	Каде
Which	Кој /која / кое /кои
White	Бел / бела /бело / бели
Who	Кој /која / кое /кои
Why	Зошто
Wide	Широк / широка / широко / широки
Wife	Сопруга

English	Македонски
Win	Победува / победи
Wind	Ветер
Window	Прозорец
Wine	Вино
Winner	Победник
Winter	Зима
Wish	Посакува, желба
With	Со
Within (until)	За време на, додека
Without	Без
Wonderful	Прекрасен / прекрасна / прекрасно / прекрасни
Wood	Дрво
Wool	Волна
Word	Збор
Work	Работа
World	Свет
Worried	Загрижен / загрижена /загрижено / загрижени
Wrist	Зглоб
Write	Пишува, напиша
Writer	Писател / писателка
Wrong	Погрешно, неточно

English	Македонски

Y

Year	Година
Years	Години
Yellow	Жолт / жолта / жолто / жолти
Yes	Да
Yesterday	Вчера
(Not) yet	Не сè уште
You	Ти
You	Вие
Young	Млад / млада / младо / млади
Your	Твој / твоја / твое / твои Ваш / ваша/ ваше / ваши

Z

Zipper	Патент
Zoo	Зоолошка градина
Zucchini	Тиквичка

Macedonian — English Dictionary

Македонски	English
Македонија	Macedonia
Скопје	Skopje

А

Авион	Airplane
Авион	Plane
Авионска компанија	Airline
Автобус	Bus
Автобуска постојка	Bus stop
Автобуска станица	Bus station
Автопат	Highway
Адаптер	Adapter
Адвокат, правник	Lawyer
Административна работа	Paperwork
Адреса	Address
Аеродром	Airport
Ако	If
Алергија	Allergy
Алкохол	Alcohol

Македонски	English
Алкохол од јаболка / круши, сајдер	Cider
Англиски	English
Апси, уапсува Спречува (раст/напредок)	Arrest
Аптека	Pharmacy
Апче против болка, лек против болка, аналгетик	Painkiller
Апче, пилула	Pill
Аспирин	Aspirin

Б

Баба	Grandmother
Бавен/ бавна / бавно / бавни	Slow
Бавно, полека	Slowly
Багаж	Baggage
Багаж	Luggage
Базен	Pool (basin)
Базен	Swimming pool
Бакнеж	Kiss (noun)
Бакнува	Kiss (verb)
Банана	Banana

Македонски	English
Банка	Bank
Банкарска сметка	Bank account
Банкомат	ATM
Бања, када	Bath
Бара	Look for
Бара, моли, замолува	Ask (request)
Батерија, акумулатор	Battery
Бебе	Baby
Без	Without
Без пари, без надомест, бесплатно	Free (no cost)
Безалкохолен пијалок	Soft-drink
Безбеден/ безбедна/ безбедно / безбедни	Safe
Бел / бела /бело / бели	White
Бенд, група	Band (musician)
Бензин	Gas (gasoline)
Бензин	Petrol
Бензинска пумпа	Petrol station
Библиотека	Library
Бизнис, работа	Business
Билен / билна/ билно / билни Хербален / хербална / хербално /хербални	Herbal

Македонски	English
Билет, карта	Ticket
Билка	Herb
Бифтек	Steak
Благодарен / благодарна/ благодарно / благодарни	Grateful
Близнаци	Twins
Близу, блиску	Near (close)
Блиску, близу	Close
Бог, господ	God (deity)
Богат / богата / богато / богати	Rich (prosperous)
Богат / богата / богато / богати	Wealthy
Божиќ	Christmas
Боја	Color
Бојлер, грејно тело	Heater
Бокал	Pot (kettle)
Болен / болна / болно / болни	Sick
Болен/болна/болно/болни	Ill
Болка	Pain
Болка во стомакот / желудникот	Stomach ache
Болница	Hospital
Болно	Painful
Бонбона, бонбонче	Candy
Борба	Fight

Македонски	English
Бординг билет	Boarding pass
Брак	Marriage
Бран	Wave
Брат	Brother
Брачен кревет	Double bed
Брашно	Flour
Брег	Coast
Бремена, трудна	Pregnant
Брз / брза / брзо / брзи	Quick
Брз/брза/брзо/брзи	Fast
Брзина	Speed (rate)
Бричи	Shave
Брише	Dry (warm up)
Брод	Ship
Брод, кајче, чун	Boat
Брои, пребројува	Count
Број	Number
Број на соба	Room number
Бубачка	Bug
Бубашваба	Cockroach
Буди, разбудува	Wake (someone) up
Будилник	Alarm clock

Македонски	English
Бура	Storm
Бучен / бучна / бучно / бучни	Noisy

В

Македонски	English
Важен/важна/важно/важни Битен/битна/битно/битни	Important
Валкан/валкана/валкано/валкан и Нечист/нечиста/нечисто/нечисти	Dirty
Вегетаријанец	Vegetarian
Вели, рече, вика, кажува	Say
Велосипед	Bicycle
Велосипед, точак *(colloquial, informal)*	Bike
Велосипедист	Cyclist
Верува, има доверба	Trust
Весник	Newspaper
Вест, новост Вести	News
Ветер	Wind
Ветува, вети	Promise
Веќе	Already
Вечер	Evening

Македонски	English
Вечера	Dinner
Вечерва	Tonight
Вештини, рачни изработки	Crafts
Видео снимач	Video recorder
Вие	You
Вика, повикува	Call
Вика, се дере	Shout
Викенд	Weekend
Вилица	Jaw
Виљушка	Fork
Вино	Wine
Виновен / виновна / виновно / виновни	Guilty
Виолетов / виолетова / виолетово / виолетови	Purple
Вирус	Virus
Висок / висока / високо / високи	Tall
Висок, стрмен	High (steep)
Вклучен/ вклучена /вклучено/ вклучени	Included
Вкусен / вкусна / вкусно / вкусни	Tasty
Влада	Government
Влажен / влажна / влажно / влажни	Humid

Македонски	English
Влажен /влажна / влажно /влажни	Wet
Влегува, влезе	Enter
Влез	Entry
Внатре	Indoor
Внатре (во авион /во воз/ на брод)	Aboard
Внатре, во	Inside
Внук	Grandson
Внука	Granddaughter
Во	In
Во близина на, поблиску	Close (closer)
Во еден правец	One-way
Вода	Water
Вода од чешма	Tap water
Водоотпорен / водотпорна / водоотпорно / водоотпорни	Waterproof
Воз	Train
Воздух	Air
Возење велосипед	Cycling
Вози	Drive
Вози	Go (drive)
Вози велосипед	Cycle
Возрасен	Adult

Македонски	English
Возраст, доба, епоха, ера	Age
Војна	War
Војска	Military
Волна	Wool
Вработува, врабати Најмува, најми	Hire
Врат	Neck
Врата	Door
Врвка	Lace
Вреден/ вредна / вредно / вредни	Valuable
Вредност	Value
Време	Time
Време	Weather
Временска разлика	Time difference
Врз, над	Above
Врска	Relationship
Врти, свртува	Turn
Втор/ втора/ второ / втори	Second
Вчера	Yesterday

Македонски	English

Г

Македонски	English
Гадење	Nausea
Газа	Gauze
Газиран сок	Soda
Гардероба, плакар	Wardrobe
Гитара	Guitar
Глава	Head
Главен / главна / главно / главни Битен / битна/ битно/ битни	Main
Главен пат	Mainroad
Главоболка	Headache
Гладен / гладна / гладно / гладни	Hungry (famished)
Глас	Voice
Глас	Vote
Гласен / гласна / гласно / гласни	Loud
Гледа	See
Гледа	Watch
Гледа, погледнува, погледне	Look
Глисер	Motorboat
Глув/глува/глуво/глуви	Deaf
Глужд	Ankle

Македонски	English
Глупав / глупава / глупаво / глупави	Stupid
Глушец	Mouse
Говедско	Beef
Година	Year
Години	Years
Годишно време	Season
Голем/голема/големо/големи	Big
Голем/голема/големо/големи	Large
Големина, мерка	Size (extent)
Горе	Up
Горе по ридот, горе	Uphill
Горење, согорување (*noun), гори (verb)*	Burn
Горчлив/горчлива/горчливо/горчливи Огорчен/огорчена/огорчено/огорчени	Bitter
Господин	Mr.
Госпоѓа	Mrs./Ms
Госпоѓица	Miss (lady)
Готвач	Chef
Готвач	Cook (noun)
Готви	Cook (verb)

Македонски	English
Грабеж	Rip-off
Грабеж	Robbery
Град	City
Градежен работник, градежник, градител	Builder
Гради	Build
Гради	Chest (torso)
Градина	Garden
Градинка	Kindergarten
Градник	Bra
Грам	Gram
Граница	Border
Грб	Back (body)
Грешка	Mistake
Гризе, гризнување, залак	Bite
Грло	Throat
Грнчарство	Pottery
Гроб	Grave
Гробишта	Cemetery
Грутка	Lump
Губи, загубува	Lose
Гулаб	Pigeon
Гума	Tire

Македонски	English
Густ/ густа /густо / густи	Thick
Гушка, гушне, прегратка	Hug

Д

Да	Yes
Дава, даде	Give
Дадилка	Babysitter
Далеку, далечен	Far
Далеку, далечен, далечински управувач (TV)	Remote
Данок на продажба	Sales tax
Датум	Date (important notice)
Датум	Date (specific day)
Два	Two
Двајцата / двете	Both
Двапати	Twice
Двоен/двојна/двојно/двојни	Double
Двокреветна соба	Double room
Дебел/дебела/дебело/дебели	Fat
Девојка	Girlfriend
Девојка, девојче	Girl
Дедо	Grandfather

Македонски	English
Дезодоранс	Deodorant
Дел	Part (piece)
Дел	Share (allotment)
Дели	Deal (card dealer)
Дели споделува	Share (sharing)
Делување, функционирање, операција	Operation (process)
Ден	Day
Денес	Today
Депозит, капар	Deposit
Десен, надесно	Right (rightward)
Десерт	Dessert
Детали, ситници	Details
Дете	Child
Деца	Children
Дечко	Boyfriend
Диета	Diet
Дијареа, пролив	Diarrhea
Директен/директна/директно/директни	Direct
Дише	Breathe
Длабок/длабока/длабоко/длабоки	Deep
Длабока чинија	Bowl

Македонски	English
Дневник, бележник	Diary
Дневно, секој ден	Daily
Дно, долен дел,	Bottom (on bottom)
До, покрај	Next to
Доаѓа, дојде	Come
Добар / добра / добро / добри	Good
Добар/добра/добро/добри Фин/фина/фино/фини	Fine
Добива, добие / набавува, набави / купува, купи	Get
Добредојде (singular) / добредојдовте (plural)	Welcome
Добро	Well
Доволно, доста	Enough
Договор	Contract
Додека	Until
Дожд	Rain
Дозвола	Permission (permit)
Дозволено му е	Can (allowed)
Доктор, лекар	Doctor
Долг / долга / долго / долги	Long
Долна облека	Underwear
Долу	Down

Македонски	English
Дом, дома	Home
Домат, патлиџан	Tomato
Допир	Touch (noun)
Допира, допре	Touch (verb)
Доставува	Deliver
Дрво	Tree
Дрво	Wood
Дрводелец, изработувач на мебел	Carpenter
Друг / друга / друго / други	Other
Друг/друга/друго/други, Уште	Another
Душек	Mattress

Ѓ

Ѓердан	Necklace
Ѓубре, смет	Garbage

Е

Евро	Euro
Евтин/евтина/евтино/евтини	Cheap

Македонски	English
Еден / една / едно	One
Единствен / единствена/ единствено / единствени	Rare (unique)
Единствен/ единствена / единствено/ единствени Самец, немажен	Single (individual)
Еднаш, порано	Once
Едноставен / едноставна / едноставно/ едноставни	Simple
Езеро	Lake
Есен	Fall (autumnal)
Ескалатор, подвижни скали	Escalator

Ж

Жеден / жедна / жедно / жедни	Thirsty (parched)
Жежок / жешка / жешко / жешки	Hot
Железничка станица	Train station
Жена	Female
Жешка вода	Hot water
Живее, престојува	Live (occupy)
Живот	Life
Животно	Animal
Жилет	Razor

Македонски	English
Житарки	Cereal
Жолт / жолта / жолто / жолти	Yellow

3

За време на, додека	Within (until)
За, во врска со	About
Заб	Tooth
Забава	Fun
Забава	Party (celebration)
Забар, стоматолог	Dentist
Заби	Teeth
Заборава, заборави	Forget
Завој	Bandage
Завршува, финишира (verb), крај ,цел	Finish
Завчера	Day before yesterday
Загадување	Pollution
Загарантиран / загарантирана/ загарантирано / загарантирани	Guaranteed
Загреан / загреана/ загреано/ загреани Стоплен / стоплена /стоплено / стоплени	Heated

Македонски	English
Загрижен / загрижена /загрижено / загрижени	Worried
Задник	Bottom (butt)
Задутре	Day after tomorrow
Заедно	Together
Зажали	Regret
Зајак	Rabbit
Зајдисонце	Sunset
Заклучен / заклучена / заклучено / заклучени	Locked
Заклучува, заклучи, брава	Lock
Закон	Law (edict)
Заминува, си оди	Depart
Заминување, поаѓање	Departure
Замок	Castle
Замуабетува, замуабети	Chat up
Запад	West
Запалка	Lighter (ignited)
Заработува	Earn
Засекогаш	Forever
Застанува, застане, стои	Stop (halt)
Затвор	Jail
Затвор	Prison

Македонски	English
Затворен/затворена/затворено/затворени	Closed
Затка, тапа, чеп	Plug (stopper)
Затоа што, заради тоа што	Because
Зафтен/зафатена/зафатено/зафатени	Busy
Зашеметен/зашеметена/зашеметено/зашеметени Замаен/замаена/замаено/замаени	Dizzy
Заштитува, заштити	Protect
Збор	Word
Зборува	Talk
Зглоб	Wrist
Зграда, здание	Building
Здодевен/здодевна/здодевно/здодевни Досаден/досадна/досадно/досадни	Boring
Здодевно / досадно му е	Bored
Здолниште	Skirt
Здравје	Health
Зелен / зелена / зелено / зелени	Green
Зелен лимон, лимета	Lime
Зеленчук	Vegetable

Македонски	English
Зема, зеде	Take
Земја, држава	Country
Земја, копно	Land
Зима	Winter
Злато	Gold
Змија	Snake
Знае, познае / познава, познае	Know
Знак	Sign (signature)
Зоолошка градина	Zoo
Зора	Dawn
Зошто	Why

S

Ѕвезда	Star
Ѕвонење	Ring (ringing)

И

И	And
Игла	Needle (stitch)
Игра, настан	Game (event)

Македонски	English
Игра, натпревар	Game (match-up)
Идентификување, идентификација	Identification
Идиот	Idiot
Иднина	Future
Избира, бира, одбира	Choose
Изгореница од сонце	Sunburn
Изгрејсонце	Sunrise
Изгубен / изгубена / изгубено / изгубени Загубен / загубена / загубено / загубени	Lost
Излегува, излезе	Go out
Излез	Exit
Излез	Gate (airport)
Изнајмува, изнајми Закупнина, кирија, рента	Rent
Изненадување	Surprise
Или	Or
Има потреба Треба	Need (verb)
Има среќа	Lucky
Има, поседува	Have
Име	Name (term)

Македонски	English
Интересен/интересна/ интересно/ интересни	Interesting
Информација	Information
Искуство	Experience
Исплашен	Afraid
Ист/ иста / исто/ исти	Same
Исто така	Also
Исто така	Too (additionally)
Исток	East
Историја	History
Итен / итна / итно / итни	Urgent
Итен, ургентен	Emergency (adjective)
Итност, нужда	Emergency (noun)

J

Јаболко	Apple
Јава, вози велосипед	Ride
Јавање, возење велосипед	Ride (riding)
Јавен тоалет	Public toilet
Јагода	Strawberry
Јаде	Eat
Јаже	Rope

Македонски	English
Јазик	Language
Јајце	Egg
Јакна, сако	Jacket
Јаткаст плод	Nut
Југ	South

К

Каде	Where
Кажува / каже Зборува / вели	Tell
Каиш / појас (во возило)	Seatbelt
Какао	Cocoa
Како	How
Кал	Mud
Камен	Stone
Камен, карпа	Rock
Камера, фотоапарат	Camera
Камион	Truck
Камп	Campsite
Камп, логор	Camp
Камперски оган, логорски оган	Campfire
Канта за ѓубре	Garbage can

Македонски	English
Канцеларија	Office
Капа, шапка, шешир	Hat
Кармин	Lipstick
Карти	Cards (playing cards)
Касиер	Cashier
Кат, спрат	Floor (level)
Катанец	Padlock
Катастрофа	Disaster
Катедрала	Cathedral
Кафе	Coffee
Кафен/кафена/кафено/кафени	Brown
Качување, искачување	Hike (noun)
Качување, искачување	Hiking
Кашла	Cough (verb)
Кашлица	Cough (noun)
Квалитет	Quality
Келнер / келнерка	Waiter
Кешира, депонира чек	Cash (deposit a check)
Кикирика	Peanut
Килограм	Kilogram
Километар	Kilometer
Кислород	Oxygen

Македонски	English
Класифицира	Class (categorize)
Клима-уред	Air conditioning
Клуч	Key
Книга (*noun*)	Book (noun)
Книжара	Bookshop
Кога	When
Кожа	Leather
Кожа	Skin
Кој /која / кое /кои	Which
Кој /која / кое /кои	Who
Коктел	Cocktail
Коктел	Drink (cocktail)
Кола, автомобил	Car
Колаче, бисквит	Cookie
Колено	Knee
Колец	College
Количка	Stroller
Количка	Wheelchair
Колку	How much
Комарец	Mosquito
Комбе	Van
Компас	Compass

Македонски	English
Компир	Potato
Компјутер	Computer
Комплет за прва помош	First-aid kit
Кон, накај	To
Конец, врвка, жица	String
Конзерва	Can (aluminum can)
Конзерва	Tin (aluminum can)
Концерт	Concert
Коњ	Horse
Корисен / корисна / корисно / корисни	Useful
Коса	Hair
Костим за капење	Bathing suit
Костим за капење	Swimsuit
Кофа	Bucket
Кочија	Carriage
Кошница, кош	Basket
Кошула	Shirt
Крава	Cow
Краде	Steal
Крадец	Thief
Крај, завршеток	End
Крал	King

Македонски	English
Кралица	Queen
Крв	Blood
Кревет	Bed
Кредит	Credit
Кредитна картичка	Credit card
Крем	Cream (creamy)
Крем за сончање	Sun block
Крем, помада	Cream (treatment)
Крпа	Towel
Крст	Cross (crucifix)
Крстосување, кружење	Cruise
Круша	Pear
Кршлив / кршлива / кршливо/ кршливи Нежен / нежна / нежно / нежни	Fragile
Кујна	Kitchen
Кула	Tower
Купатило, бања	Bathroom
Купува, купи	Buy
Купува, купи	Shop (verb)
Кусур	Change (pocket change)
Кутија	Box
Куќа, дом	House

Македонски	English
Куфер	Suitcase
Куче, пес	Dog

Л

Ладен/ладна/ладно/ладни, настинка, студен	Cold
Лажго / лажга	Liar
Лаже, мами	Cheat
Лаже, мами	Lie (falsehood)
Лажица	Spoon
Лажичка за кафе	Teaspoon
Лаптоп	Laptop
Леб	Bread
Лево, налево	Left (leftward)
Легнува, лежи, Положува, положи	Lie (lying)
Лезбејка	Lesbian
Лек, лекарство	Medicine (medicinals)
Лепак, лепило	Glue
Лесен / лесна / лесно / лесни	Easy (*adjective*)
Лесен/ лесна / лесно / лесни	Light (weightless)
Лесно	Easy (*adverb*)

Македонски	English
Лета, летна	Fly (verb)
Лето	Summer
Леќи	Contact lenses
Леќи	Lens
Лидер, водич	Leader
Лимон	Lemon
Лимонада	Lemonade
Лифт	Elevator
Лице	Face
Лична карта	ID card
Личност	Person
Локален / локална / локално / локални	Local
Лосос	Salmon
Лош/лоша/лошо/лоши	Bad
Лубеница	Watermelon
Луд/луда/лудо/луди	Crazy
Луѓе	People
Луксуз	Luxury
Лут/лута/луто/лути, Гневен/гневна/гневно/гневни	Angry

Македонски	English

M

Македонски	English
Магливо, матно, нејасно (*adverb*)	Foggy
Маичка	T-shirt
Мајка, мама	Mother
Мал / мала / мало / мали Малечок / малечка / малечко / малечки	Little (tiny)
Мал / мала/ мало / мали	Small
Малечок/ малечка / малечко/ малечки Ситно	Tiny
Малина	Raspberry
Мантил за дожд	Raincoat
Мапа	Map
Марама	Scarf
Марамче	Handkerchief
Марамчиња	Tissues
Марула	Lettuce
Маса	Table
Масло	Oil (oily)
Мачка	Cat
Машина	Machine

Македонски	English
Машина за перење	Washing machine
Мебел	Furniture
Мед	Honey
Медициска сестра	Nurse
Мене	Me
Менува, променува, се менува, се променува	Change
Месец	Month
Месо	Meat
Место	Place
Место, локација	Venue
Метал	Metal
Метар	Meter
Метро, подземна железница	Subway (underground)
Микробранова печка	Microwave
Милиметар	Millimeter
Минат, претходен	Past (ago)
Минута	Minute (moment)
Мир	Peace
Мириса	Smell
Мисирка (animal), Турција (country)	Turkey
Мислење	Opinion

Македонски	English
Мисли, размислува	Think
Мито, поткуп, поткупува (verb)	Bribe
Млад / млада / младо / млади	Young
Млак/млака/млако/млаки	Cool (mild temperature)
Млеко	Milk
Многу	Many
Многу, навистина	Very
Мобилен телефон	Cell phone
Мобилен телефон	Mobile phone
Модерен / модерна/ модерно / модерни Современ / современа / современо / современи	Modern
Може	Can (have the ability)
Можеби	Maybe
Можен, возможен	Possible
Мој / моја / мое / мои	My
Молив	Pencil
Молитва	Prayer
Момче	Boy
Море	Sea
Морков	Carrot
Морска болест	Seasickness

Македонски	English
Мост	Bridge
Мотел	Motel
Мотор	Motorbike
Моќ, сила	Power
Мраз	Frost
Мраз	Ice
Мрежа	Net
Мрзлив/мрзлива/мрзливо/мрзливи	Lazy
Мртов/мртва/мртво/мртви Умрен/умрена/умрено/умрени	Dead
Музеј	Museum
Музика	Music
Мускул	Muscle

Н

На	On
На сметка на куќата/кафеаната	Complimentary (on the house)
На, во	At
На, за	Per
Набавки, покупки, намирници, продавница со прехранбени продукти	Grocery

Македонски	English
Набрзо	Soon
Навлака за перници	Pillowcase
Навреме	On time
Надвор	Outside
Надимак, прекар	Name (moniker)
Надимак, прекар	Nickname
Надница, плата	Wage
Надолу, надолу по ридот	Downhill
Назад, позади	Back (backward position)
Наздравува, наздрави	Toast (toasting)
Најблизу, најблиску	Nearest
Најдобар/најдобра/најдобро/нај добри	Best
Накај, кон	Towards
Накит, бижутерија	Jewelry
Наредува, нарачува (храна)	Order (verb)
Насмевка, Се смее	Smile
Насока	Direction
Наставник / наставничка Учител / учителка	Teacher
Настинат/настината / настинато / настинати	Have a cold
Наука	Science

Македонски	English
Научник	Scientist
Наш / наша / наше / наши	Our
Не	No
Не	Not
Не сѐ уште	(Not) yet
Небо	Sky
Невин/невина/невино/невини	Innocent
Невозможен/невозможна/ невозможно/ невозможни	Impossible
Невообичаен / невообичаена/ невообичаено/ невообичаени	Unusual
Негативен/ негативна / негативно / негативни	Negative
Негов / негова / негово / негови	His
Недостаток	Shortage
Незгода, несреќа, сообраќајна несреќа	Accident
Незготвен / незготвена / незготвено / незготвени Сиров / сирова / сирово / сирови	Raw
Нејзин / нејзина / нејзино / нејзини	Her (hers)
Некој / некои	Some
Некој/ некоја/ некое / некои	Someone
Неколку	Several

Македонски	English
Неколку, малку	Little (few)
Неколку, само малку	Few
Некомотен / некомотна / некомотно / некомотни	Uncomfortable
Нем / нема/ немо / неми	Mute
Неодамна	Recently
Непушачки, за непушачи	Nonsmoking
Нефер	Unfair
Нешто	Something
Нивен / нивна / нивно / нивни	Their
Ние	We
Низок / ниска / ниско / ниски	Short (low)
Никогаш	Never
Ниско	Low
Ниту еден, ниеден, никој,	None
Ниту... Ниту / Нити ... Нити	Neither...nor...
Ништо	Nothing
Но, меѓутоа	But
Нов/ нова / ново / нови	New
Нога	Leg
Нож	Knife
Ножици	Scissors
Ноктарче	Nail clippers

Македонски	English
Нос	Nose
Носи	Wear
Носи, донесува	Bring
Носи, понесува	Carry
Ноќ	Night
Ноќен клуб	Nightclub
Нуркање	Diving

О

Обичај	Custom
Обичен / обична / обично / обични	Ordinary
Облак	Cloud
Облачно	Cloudy
Облека, алишта	Clothing
Облик, форма	Shape
Образование	Education
Обрач	Ring (bauble)
Оброк	Meal
Овде, тука	Here
Овој / оваа / ова / овие	This (one)
Овошје	Fruit

Македонски	English
Оган	Fire (heated)
Огледало	Mirror
Ограбува, грабе	Rob
Од	From
Од, откако	Since
Одбива, одби	Refuse
Одвоен/ одвоена/ одвоено / одвоени	Separate
Одвратен/ одвратна/одвратно/одвратни, ужасен	Awful
Одговор	Answer
Оди	Go (walk)
Оди, пешачи	Walk
Одличен/ одлична / одлично / одлични Супер Прекрасен / прекрасна / прекрасно / прекрасни	Great (wonderful)
Одложува	Delay
Одлучува, донесува одлука, решава	Decide
Одмор	Vacation
Одмор, празник	Holiday
Одмори	Holidays

Македонски	English
Океан	Ocean
Округол / округла / округло / округли	Round
Омекнувач	Conditioner (conditioning treatment)
Опасен/опасна/опасно/опасни	Dangerous
Оператор	Operator
Оригинален / оригинална / оригинално / оригинални	Original
Ориз	Rice
Оркестар	Orchestra
Осврт, критика, / прегледува, испитува	Review
Остава бакшиш	Tip (tipping)
Останува, остане / преноќува, преноќи	Stay (sleepover)
Остаток, реликвија	Relic
Остров	Island
Отварач за шишиња за вино	Bottle opener (corkscrew)
Отварач за шишиња за пиво	Bottle opener (beer)
Отворен / отворена / отворено / отворени, отвора	Open
Откажува, откаже	Cancel
Оток, Отекува	Swelling

Македонски	English
Отровен / отровна / отровно / отровни	Poisonous
Оцет	Vinegar
Очи	Eyes
Очила	Glasses (eyeglasses)
Очила за сонце	Sunglasses

П

Паб	Pub
Паѓа, падне	Fall (falling)
Пазар	Market
Пакет	Package
Пакет	Packet
Палто, капут	Coat
Памук	Cotton
Пантолони	Pants (slacks)
Пар	Pair
Пари	Money
Пари во готово, кеш	Cash
Парички	Coins
Парк (noun)	Park
Паркира	Park (parking)

Македонски	English
Партија	Party (political)
Партнер	Date (companion)
Парфем	Perfume
Парче	Slice
Парче, дел	Piece
Пасош	Passport
Паста за заби	Toothpaste
Пат	Road
Пат, начин	Way
Пат, рута	Route
Патека	Path
Патека	Track (pathway)
Патека	Track (racing)
Патека (во театар/кино / супермаркет)	Aisle
Патека, стаза	Trail
Патент	Zipper
Патка	Duck
Патник	Passenger
Патување, експедиција	Trip (expedition)
Патување, патува	Travel
Пауза, одмор, починка	Break
Педала	Pedal

Македонски	English
Пее, испеа	Sing
Пејач / пејачка	Singer
Пекарница, фурна	Bakery
Пелена	Diaper
Пена за бричење	Shaving cream
Пенкало	Pen
Пеперутка	Butterfly
Пере	Wash cloth
Перница	Pillow
Перформанс, изведба	Performance
Песна	Song
Песок	Sand
Печат, поштенска марка	Stamp
Печатач	Printer (printing)
Печка	Stove
Пешак	Pedestrian
Пиво	Beer
Пие (verb)	Drink
Пијалак	Drink (beverage)
Пијан/пијана/пијано/пијани	Drunk
Пиле (*animal),* пилешко (*meat)*	Chicken
Пинцета	Tweezers

Македонски	English
Писател / писателка	Writer
Пита	Pie
Пиштол, Пушка	Gun
Пишува, напиша	Write
Пладне	Midday
Пладне	Noon
Плажа	Beach
Планета	Planet
Планина	Mountain
Планински венец	Mountain range
Пластичен / пластична / пластично / пластични	Plastic
Плата, исплата, плаќање	Payment
Плаќа, плати	Pay
Плац, земјиште, паркинг	Lot
Плива	Swim
Плик, писмо	Letter (envelope)
Плоштад	Square (town center)
По, после	After
Победник	Winner
Победува / победи	Win
Повеќе	More
Повлекува, влече	Pull

Македонски	English
Повреда	Injury
Повреден/ повредена / повредено / повредени, повредуваverb	Hurt
Поглед	View
Погодува, погоди	Guess
Погрешно, неточно	Wrong
Под	Below
Под	Floor (carpeting)
Подарок	Gift
Подарок	Present (treat)
Подготвен / подготвена / подготвено / подготвени	Ready
Подготвува, подготви	Prepare
Подигнување на багаж	Baggage claim
Позади	Behind
Позади	Rear (behind)
Позајмува (од некого)	Borrow
Позитивен / позитивна /позитивно / позитивни	Positive
Познат/позната/познато/познати	Famous
Појадок	Breakfast
Покажува, покаже, прикажува, прикаже	Show (verb)

Македонски	English
Поканува, покани	Invite
Покрај	Beside
Политика	Politics
Полицаец / полицајка	Police officer
Полиција	Police
Полициска станица	Police station
Полн / полна / полно / полни Сит / сита / сито / сити	Full
Полноќ	Midnight
Половина	Half
Помалку	Less
Помеѓу	Between
Поминува, помине, додавање, пропусница	Pass
Помош	Help
Поп, свештеник	Priest
Пополнува, полни	Fill
Поправка	Repair (noun)
Популарен / популарна / популарно / популарни	Popular
Порака	Message
Портокал	Orange (citrus)
Портокалов/ портокалова / портокалово / портокалови	Orange (color)

Македонски	English
Посакува, желба	Wish
Посета	Visit (noun)
Посетува, посети	Visit (verb)
Последен/последна/последно/последни	Last (finale)
Поспан / поспана/ поспано / поспани	Sleepy
Посрамен / посрамена / посрамено / посрамени	Embarrassed
Постојано, со полно работно време	Full-time
Постојка	Stop (station)
Потпис	Signature
Потпишува, потпише	Sign
Потреба	Necessity
Почекува, чека	Wait
Почеток, старт	Start (noun)
Почнува, почне / започнува, започне	Start (verb)
Пошта	Mail (mailing)
Пошта	Post office
Поштенско сандаче	Mailbox
Прави, направи Изведува, изведе Изработува, изработи	Make

Македонски	English
Прави, направи, работи	Do
Правилен / правилна / правилно / правилни	Right (appropriate)
Правило, Наредува, владее	Rule
Правно, законски	Legal
Право	Straight
Празен / празна / празно / празни	Empty
Прасе, свиња	Pig
Праска	Peach
Праќа, испраќа / прати, испрати	Send
Прашање	Question
Прашува	Ask (questioning)
Прв/прва/прво/први	First
Преведува	Translate
Превод	Translation
Пред (некое одредено време), порано	Ago
Пред, напред	In front of
Пред, напред, понапред	Ahead
Пред, претходно	Before
Предградие	Suburb
Предупредува / предупреди	Warn
Презиме	Name (surname)

Македонски	English
Прекрасен / прекрасна / прекрасно / прекрасни	Wonderful
Преку море / океан	Overseas
Преку ноќ	Overnight
Преку, спроти	Across
Премногу	Too (excessively)
Преполно со луѓе	Crowded
Препорачува, препорача	Recommend
Престанува, престане	Stop (avoid)
Претпочита, преферира	Prefer
Претседател	President
Претстава, драма	Play (theatrical)
Претходен/претходна/претходно/претходни Минат/мината/минато/минати	Last (previously)
Пржи, испржува	Fry
Приватен / приватна / приватно/ приватни Личен / лична / лично / лични	Private
Признава, признае	Admit
Пријател, другар	Friend
Приказна, сказна	Story
Природа	Nature
Пристаниште	Port (dock)

Македонски	English
Пристигнува, доаѓа	Arrive
Пристигнувања	Arrivals
Притисок	Pressure
Причина, разум	Reason
Пробува, проба	Try (sip)
Програма	Program
Продава, продаде	Sell
Продавница	Shop (noun)
Продавница за алкохол	Liquor store
Продавница за облека, бутик	Clothing store
Прозорец	Window
Произведува, произведе	Produce
Пролет	Spring (prime)
Промашува, промаши	Miss (mishap)
Прослава	Celebration
Профит, ќар, добивка	Profit
Процент	Per cent
Прст	Finger
Прст на нога	Toe
Птица	Bird
Пудра	Powder
Пука, стрела, снима (филм)	Shoot

Македонски	English
Пумпа	Pump
Пура	Cigar
Пустина	Desert
Путер	Butter
Пуши, Дим, чад, цигара	Smoke
Пченка	Corn

Р

Работа	Job
Работа	Work
Радијатор	Radiator
Радио	Radio
Разбира, разбере / сфаќа, сфати	Understand
Разгледница	Postcard
Различен / различна/ различно/различни, Поинаков/поинаква/поинакво/поинакви	Different
Разумен/ разумна/ разумно /разумни	Sensible
Рака	Arm
Рака	Hand
Ракавици	Gloves

Македонски	English
Рамен/рамна/рамно/рамни	Flat
Рамо	Shoulder
Рана, инфекција (noun)	Sore
Ранец	Backpack
Рано	Early
Расипан / расипана/ расипано / расипани	Spoiled (rotten)
Распродажба	Sale (special)
Раствор за леќи	Contact lens solution
Расте, пораснува, се развива	Grow
Растение	Plant
Рачен часовник	Watch
Рачно изработено, рачна изработка	Handmade
Ребро	Rib
Ред	Order (noun)
Редица	Queue
Редок / ретка / ретко / ретки	Rare (exotic)
Резервира	Reservation (reserving)
Резервира (verb)	Book (verb)
Река	River
Религија	Religion
Религиозен / религиозна / религиозно / религиозни	Religious

Македонски	English
Рерна, печка	Oven
Ресторан	Restaurant
Рефундирање, повраток на средства/пари	Refund
Рецепт	Prescription
Рециклира	Recycle
Риба	Fish
Рид	Hill
Ритам	Rhythm
Роденден	Birthday
Роденденска торта	Cake (birthday cake)
Родители	Parents
Розев / розева / розово / розови	Pink
Романтичен/ романтична/ романтично / романтитични	Romantic
Рум	Rum
Ручек	Lunch
Рушевини, руини	Ruins

С

Сѐ, сешто	Everything
Сака, посакува	Want

Македонски	English
Сака, посакува, љуби	Love
Сала за вежбање	Gym
Салата	Salad
Салфетка	Napkin
Сам/сама/само/сами	Alone
Само, единствено	Only
Сандала	Sandal
Сантиметар	Centimeter
Сапун	Soap
Сауна	Sauna
Свадба	Wedding
Свадбена торта	Cake (wedding cake)
Свеж / свежа / свежо / свежи	Fresh
Свекрва (the mother of the husband) Баба (the mother of the wife)	Mother-in-law
Свет	World
Светилка	Light bulb
Светла	Headlights
Светло	Light
Светло сина	Blue (light blue)
Светол/ светла / светло / светли	Light (pale)
Свеќа	Candle

Македонски	English
Свила	Silk
Свинско	Pork
Свири	Play (strum)
Се брза	(be) in a hurry
Се враќа дома, се врати дома	Return (homecoming)
Се враќа, се врати / враќа, врати	Return (returning)
Се грижи	Care for
Се допаѓа, се допадне Сака, Посакува	Like
Се жали, жалба	Complain
Се забавува, ужива	Have fun
Се заблагодарува, се заблагодари	Thank
Се затвора, се затвори / затвора, затвори	Shut
Се качува (во авион /воз / на брод)	Board (climb aboard)
Се качува, качува, се искачува	Climb
Се клади, се опкладува	Bet
Се мажи (for women) Се жени (for men)	Marry
Се мие	Wash (bathe)
Се обидува	Try (trying)
Се облекува	Dress (verb)

Македонски	English
Се одмора, се одмори, одмор	Rest
Се откажува, се откаже	Quit
Се расправа, се кара	Argue
Се релаксира, се одмора	Relax
Се согласува, се согласи	Agree
Се среќава, се сретне Среќава, сретне	Meet
Се судира, судира	Crash (verb)
Се трие со вода и сапун	Wash (scrub)
Се тушира	Shower (verb)
Себичен/ себична / себично / себични	Selfish
Север	North
Сега, веднаш, во моментов	Now
Сегашност	Present (now)
Седиште	Seat
Седмица, недела	Week
Седнува, седи	Sit
Секогаш	Always
Секој/секоја/секое/секои	Each
Секој/секоја/секое/секои	Every
Секс, пол	Sex
Секси	Sexy

Македонски	English
Сексизам	Sexism
Секунда	Second (moment)
Село	Village
Семафор	Traffic light
Семејство	Family
Сензуален / сензуална /сензуално / сензуални	Sensual
Сенка	Shade (shady)
Сенф	Mustard
Сериозен / сериозна / сериозно / сериозни	Serious
Сестра	Sister
Сече, реже	Cut
Сив/ сива / сиво /сиви	Grey
Силен / силна / силно / силни Јак / јака/ јако / јаки	Strong
Син	Son
Сирење, кашкавал	Cheese
Сиромашен / сиромашна / сиромашно / сиромашни	Poor
Сиромаштија, немаштија	Poverty
Сите	Everyone

Македонски	English
Сите, Секој /секоја /секое/ секои, Цел/цела/цело/цели, Сѐ	All
Ситно	Change (coinage)
Скап / скапа / скапо / скапи	Expensive
Скршен/скршена/скршено/скршени	Broken (breaking)
Слаб / слаба / слабо / слаби Тенок/ тенка /тенко /тенки	Thin
Сладок/ слатка/ слатко / слатки Благ/ блага / благо / благи	Sweet
Сладолед	Ice cream
Сланина	Bacon
Слегува, слезе / се симнува, се симне	Get off (disembark)
Следен / следна / следно / следни	Next (ensuing)
Следи, прати	Follow
Слеп/слепа/слепо/слепи	Blind
Слива	Plum
Слика	Painting (canvas)
Сликање	Painting (the art)
Сликар / сликарка	Painter

Македонски	English
Сличен / слична / слично / слични	Similar
Слободен / слободна / слободно / слободни Ослободен / ослободена /ослободено / ослободени	Free (at liberty)
Слуша, слушне	Listen
Слуша, слушне / наслушува, наслушне	Hear
Сметка	Bill (bill of sale)
Сметка	Receipt
Сметка, извештај, приказ, пресметка	Account (noun)
Смешен / смешна / смешно / смешни Забавен / забавна / забавно / забавни	Funny
Снег	Snow
Снима, сними	Record (music)
Со	With
Со посебни потреби, Онеспособен/онеспособена/онеспособено/онеспособени	Disabled
Со скратено работно време	Part-time
Соба, простор	Room (chamber)
Соба, сместување	Room (accommodation)

Македонски	English
Соблекувална	Changing room
Совет, консултација, предлог	Advice
Совршен / совршена / совршено / совршени	Perfect
Сок	Juice
Сол	Salt
Сон	Dream (noun)
Сонува	Dream (verb)
Сонце	Sun
Сончев / сончева/ сончево / сончеви	Sunny
Сообраќај	Traffic
Сопруг	Husband
Сопруга	Wife
Сопственик / сопственичка	Owner
Сос	Sauce
Состанок, закажана средба	Appointment
Состанок, средба	Meeting
Состојка	Ingredient
Спална соба	Bedroom
Спанаќ	Spinach
Специјалист	Specialist
Спие (verb)	Sleep

Македонски	English
Списание	Magazine
Спица	Spoke
Спротивност, обратен	Opposite
Срамежлив / срамежлива/ срамежливо / срамежливи	Shy
Сребро	Silver
Средно училиште	High school
Среќа	Luck
Среќен / среќна / среќно / среќни	Happy
Срце	Heart
Става, стави; поставува, постави	Put
Стадион, Стадиум, фаза	Stadium
Стакло	Glass
Стан, апартман	Apartment
Станица	Station
Стаорец	Rat
Стапало	Foot
Стар / стара /старо / стари	Old
Стар, древен, антички	Ancient
Стар, древен, антички, антиквитет,	Antique
Статуа	Statue

Македонски	English
Стегнат / стегната / стегнато / стегнати Цврст/ цврста / цврсто / цврсти	Tight
Степени	Degrees (weather)
Стоковна куќа	Department store
Стол, столче	Chair
Стомак, желудник	Stomach
Страна	Page
Страна, аспект	Side
Странец, непознат	Stranger
Стрмен/ стрмна/ стрмно / стрмни	Steep
Струја, електрицитет	Electricity
Студент	Student
Студио	Studio
Сув/сува/суво/суви Исушен/исушена/исушено/исушени	Dry
Судир	Crash (noun)
Сум (глагол - verb)	Be
Супа	Soup
Супермаркет	Supermarket
Сурфа (verb)	Surf

Македонски	English

Т

Таа	She
Тава за пржење	Frying pan
Тавче, тенџере	Pan
Тажен /тажна /тажно/тажни	Sad
Таму	There
Танц	Dance (noun)
Танцува	Dance (verb)
Танцување	Dancing
Тапани	Drums
Тастатура	Keyboard
Татко, тато	Dad
Твој / твоја / твое / твои Ваш / ваша/ ваше / ваши	Your
Тврдо-варен / тврдо-варена / тврдо-варено / тврдо-варени	Hard-boiled
Тврдоглав/ тврдоглава / тврдоглаво/ тврдоглави	Stubborn
Театар	Theater
Тегла	Jar
Тегови	Weights

Македонски	English
Тежи	Weigh
Тежина	Weight
Тежок / тешка / тешко / тешки	Heavy
Телевизија	Television
Телевизија	TV
Телефон	Telephone
Телефонски именик	Phone book
Телефонски повик	Call (telephone call)
Тело	Body
Темен/темна/темно/темни Мрачен/мрачна/мрачно/мрачни	Dark
Темно сина	Blue (dark blue)
Температура	Temperature (feverish)
Температура	Temperature (degrees)
Терминал за поаѓање	Departure gate
Термометар	Thermometer
Тетратка, белешник	Notebook
Тешко, напорно (*adverb*)	Difficult
Ти	You
Тивок / тивка / тивко / тивки Нечуен / нечујна / нечујно / нечујни	Quiet
Тие	They

Македонски	English
Тиква	Pumpkin
Тиквичка	Zucchini
Тим	Team
Тип, вид	Type
Типичен/ типична / типично / типични Вообичаен	Typical
Тоа	It
Тоалет	Toilet
Тоалетна хартија	Toilet paper
Тој	He
Тој/ таа / тоа /тие	That (one)
Топка	Ball (sports)
Топлина, жештина	Heat
Топол / топла / топло / топли	Warm
Тостер	Toaster
Точка, поента	Point
Точно, токму така	Exactly
Трамвај	Tram
Транспорт, превоз	Transport
Трговија, комерција	Trade (career)
Тргува	Trade (trading)
Трева	Grass

Македонски	English
Треска	Fever
Трет / трета / трето / трети	Third
Трка	Race (running)
Тркало	Wheel
Трча	Run
Трчање	Running
Тупфери	Cotton balls
Тура	Tour
Турист	Tourist
Турка, турне	Push
Тутун	Tobacco
Туш	Shower (noun)

Ќ

Ќебе	Blanket
Ќерка	Daughter
Ќибрит Чкорчиња	Matches (matchbox)
Ќилим, черга	Rug
Ќош, агол	Corner

Македонски	English

У

Убав / убава / убаво / убави Фин / фина / фино/ фини	Nice
Убав / убава / убаво / убави	Pretty
Убав / убави Згоден / згодни	Handsome
Убав/убава/убаво/убави	Beautiful
Убиство	Murder
Уво	Ear
Удобен/удобна/удобно/удобни	Comfortable
Ужасен / ужасна / ужасно / ужасни	Terrible
Ужива	Enjoy (enjoying)
Ужина	Snack
Украден / украдена / украдено / украдени	Stolen
Улица	Street
Уметник /уметница Изведувач	Artist
Уметност	Art
Умира, умре	Die

THE MACEDONIAN DICTIONARY: A CONCISE ENGLISH-MACEDONIAN DICTIONARY

Македонски	English
Уморен / уморна / уморно / уморни	Tired
Услуга	Service
Усни	Lips
Уста	Mouth
Утре	Tomorrow
Утро	Morning
Учи, научува	Learn
Училиште	School

Ф

Фарма	Farm
Фаул	Foul
Филм	Movie
Фин / фина / фино / фини	Kind (sweet)
Фотограф	Photographer
Фотографија	Photo
Фотографира	Take photos
Фрижидер	Fridge
Фрижидер	Refrigerator
Фризура	Haircut
Фунта	Pound (ounces)

Македонски	English
Фустан	Dress (noun)

Х

Ханзапласт, фластер	Band-Aid
Хартија	Paper
Хороскопски знак	Star sign
Хотел	Hotel
Храбар/храбра/храбро/храбри	Brave
Храна	Food

Ц

Царина	Customs
Цвеќе, цвет	Flower
Цврст / цврста / цврсто / цврсти	Hard (firm)
Цена	Price
Цена, карта / билет (за воз, автобус)	Fare
Цена, трошок	Cost
Цент	Cent
Центар	Center
Центар на градот	City center

Македонски	English
Цигара	Cigarette
Црвен / црвена/ црвено / црвени	Red
Црвенило	Rash
Цреша	Cherry
Црн пипер, бибер	Pepper (peppery)
Црн/црна/црно/црни	Black

Ч

Чадор	Umbrella
Чај	Tea
Чанта, торба, кесе	Bag
Чанта, чантичка	Handbag
Чантичка, паричник	Purse
Чаршав	Sheet (linens)
Чаршав за маса	Tablecloth
Час, саат	Hour
Часовник, саат	Clock
Чевли	Shoes
Чекалница	Waiting room
Чекор, скала, скалило	Step
Често	Often

Македонски	English
Четвртина	Quarter
Четка	Brush
Четка за заби	Toothbrush
Четка за коса	Hairbrush
Чеша, се чеша	Itch (verb)
Чешање	Itch (noun)
Чешел, чешла (verb)	Comb
Чешма (noun)	Tap
Чизми	Boots (shoes)
Чинивче за сос	Saucepan
Чинија, плоча, облога, табличка	Plate
Чинија, порција	Dish
Чист / чиста / чисто / чисти	Pure
Чист/чиста/чисто/чисти	Clean
Чистење, прочистување	Cleaning
Чита, прочита	Read
Читање	Reading
Член	Member
Човек, Маж	Man
Чоколадо	Chocolate
Чорапи	Socks
Чувства	Feelings

Македонски	English
Чувствува, почувствува	Feel (touching)
Чуден / чудна / чудно / чудни	Strange
Чуден / чудна /чудно/ чудни	Off (strange)

Џ

Џеб	Pocket
Џемпер	Sweater
Џемпер, наметка	Jumper (cardigan)
Џип	Jeep
Џогинг	Jogging

Ш

Шампон	Shampoo
Шанса	Chance
Шега, шала	Joke
Шеќер	Sugar
Шие, сошива	Sew
Шинува, шине (verb)	Sprain
Широк / широка / широко / широки	Wide
Шише	Bottle

Македонски	English
Шише за вода	Water bottle
Шлем	Helmet
Шминка	Make-up
Шопинг центар	Shopping center
Шорцеви, кратки панатлони	Shorts
Шоу	Show (noun)
Штекер	Plug (socket)
Што	What
Шума, гора	Forest

Македонски	English
	water bottle
	juice
	clean up
	shopping centre
	Sports
	Show (noun)
	Play (verb)
	what
	close

Made in United States
Troutdale, OR
08/17/2024

22085640R00086